Le jardin du solfège

ソルフェージュの庭

視 唱

《中〜上級編》

佐怒賀 悦子 著

音楽之友社

はじめに

　ソルフェージュを楽しくマスターするためのアイディアを紹介した、入門書『ソルフェージュの庭』を 2011 年に出版しましたが、本書はその教材シリーズ第一弾「視唱」です。

　本書は、使い方の工夫によって、ソルフェージュの初級の方から上級の方まで、お使いいただくことができます。

　「視唱」の学習の目的は、楽譜からリズム・音程を早く正しく読み取り歌えるようにすることに留まらず、表現としてより音楽的に歌えるようにすること、それを楽器の演奏における読譜と表現につなげること…などが、挙げられるでしょう。同時に、良い耳も育てていきます。
　さらに、音楽的な感性を育てていく過程で、繰り返し歌う視唱練習曲の音楽的な内容は重要です。その意味で、本テキストの曲は、何回も歌いたくなるようなメロディーを目指し、作成いたしました。また、ハーモニーを味わいながら歌えるように、比較的平易な和音伴奏が付けられています。遠い調性への転調や、各種旋法が使用されているものもありますが、さまざまな曲のムードを楽しみながら練習していただければと思います。
　テンポや曲想を示す楽語のほか、音楽表現のヒントになる記号も記入されています。曲の長さは、各々 1 ページの短い音楽ですので、音の表情、ブレスやフレーズの表現を考え、1 曲をどのように音楽的なドラマとして表現したらよいのか、考えて歌うとよいでしょう。くれぐれも機械的にならないように、常に心を動かしながら表現するように努めましょう。

　さらに、全ての曲について、それぞれ、「高音部譜表で書かれた楽譜（A）」と「7 種類の音部記号（クレ）を用いて書かれた楽譜（B）」の 2 通りの楽譜を収録しましたので、学習者の進度や目的に応じてお使いください。経験の異なる学習者同士が、同一の曲を A・B 異なる譜面を見ながら一緒に歌うことも可能です。これらの各種音部記号による読譜の練習は、スコアの読譜をはじめ、移調奏や移調楽器の読譜の予備練習となります。

　本書の全 47 曲は、いずれも、大学音楽学部・高校音楽科の「ソルフェージュ」の授業等で用いられ、効果をあげてきたものです。今後より多くの方々に愛用いただき、楽しくソルフェージュを学んでいただければ幸いです。

2016 年初春　　佐怒賀悦子

もくじ

はじめに……3
本書の使い方……6

楽曲一覧

	調性	拍子	譜表						
			高音部	低音部	アルト	テノール	ソプラノ	メゾ・ソプラノ	バリトン
1A	Es-dur	$\frac{3}{4}$	○						
1B				○					
2A	g-moll	$\frac{9}{8}$	○						
2B				○					
3A	e-moll	$\frac{2}{2}$	○						
3B				○					
4A	G-dur	$\frac{4}{4}$	○						
4B			○	○					
5A	d-moll	$\frac{6}{8}$	○						
5B			○	○					
6A	E-dur	変拍子	○						
6B			○	○					
7A	e-moll	$\frac{4}{4}$	○						
7B						○			
8A	c-moll	$\frac{2}{4}$	○						
8B						○			
9A	E-dur	$\frac{4}{4}$	○						
9B						○			
10A	g-moll	$\frac{6}{8}$	○						
10B			○	○	○				
11A	A-dur	$\frac{9}{8}$	○						
11B			○	○	○				
12A	Es-dur	$\frac{3}{4}$	○						
12B			○	○	○				
13A	E-dur	$\frac{2}{4}$	○						
13B			○	○	○				
14A	f-moll	$\frac{6}{8}$	○						
14B						○			
15A	G-dur	$\frac{4}{4}$	○						
15B							○		
16A	F-dur	変拍子	○						
16B							○		
17A	E-dur	$\frac{6}{8}$	○						
17B							○		
18A	e-moll	$\frac{4}{4}$	○						
18B			○			○			
19A	F-dur	$\frac{6}{8}$	○						
19B			○			○			
20A	c-moll	$\frac{2}{2}$	○						
20B			○			○			
21A	fis-moll	$\frac{4}{4}$	○						
21B				○		○			
22A	B-dur	$\frac{2}{2}$	○						
22B			○	○	○	○			

	調性	拍子	譜表						
			高音部	低音部	アルト	テノール	ソプラノ	メゾ・ソプラノ	バリトン
23A	g-moll	$\frac{6}{8}$	○						
23B			○	○			○		
24A	H-dur	$\frac{4}{4}$	○						
24B			○	○	○	○			
25A	G-dur	$\frac{3}{4}$	○						
25B								○	
26A	As-dur	$\frac{2}{2}$	○						
26B								○	
27A	D-dur	$\frac{6}{8}$	○						
27B								○	
28A	a-moll	$\frac{6}{8}$	○						
28B			○					○	
29A	fis-moll	変拍子	○						
29B			○					○	
30A	B-dur	$\frac{4}{4}$	○						
30B			○				○		
31A	f-moll	$\frac{9}{8}$	○						
31B			○				○		
32A	D-dur	$\frac{3}{4}$	○						
32B			○	○			○		
33A	fis-moll	$\frac{2}{2}$	○						
33B						○	○		
34A	C-dur	$\frac{6}{8}$	○						
34B			○	○		○	○		
35A	d-moll	変拍子	○						
35B			○	○	○	○	○		
36A	fis-moll	$\frac{9}{8}$	○						
36B			○	○	○	○	○		
37A	F-dur	$\frac{4}{4}$	○						
37B								○	
38A	d-moll	$\frac{2}{4}$	○						
38B								○	
39A	D-dur	$\frac{4}{4}$	○						
39B								○	
40A	f-moll	$\frac{3}{4}$	○						
40B				○	○	○	○	○	
41A	Es-dur	$\frac{6}{8}$	○						
41B			○		○	○	○		
42A	c-moll	$\frac{2}{2}$	○						
42B			○	○	○	○	○	○	
43A	h-moll	$\frac{3}{4}$	○						
43B									○
44A	D-dur	$\frac{6}{8}$	○						
44B									○
45A	cis-moll	$\frac{3}{4}$	○						
45B									○
46A	F-dur	変拍子	○						
46B			○	○	○	○	○		○
47A	f-moll	$\frac{6}{8}$	○						
47B			○		○	○	○	○	○

伴奏アレンジ例……101
ダルクローズスケールを応用した音階練習……102

本書の使い方

1. **(A) 高音部譜表（ト音譜表）で書かれた旋律の無伴奏による初見視唱**

   その曲の調性による音階を歌った後、予見をしてから、無伴奏で、できるだけ音楽的に、初見視唱をしましょう。まずは固定ド唱法で歌いましょう。移動ドで歌える曲もありますが、転調が複雑なもの、さまざまな旋法が絡み合っているものなど、移動ド唱法に適さない曲が数多く含まれています。

2. **音階練習**

   全音・半音を意識し、良い音程でていねいに表現することによって、調性や旋法の変化を味わうようにしましょう。曲を歌う前に、巻末の音階練習（p.102, 103）を用いると効果的です。

3. **和音伴奏による視唱**

   旋律はできるだけピアノで弾かないように。歌の旋律は和声音と非和声音でできています。歌の中の和声音を、伴奏の和音にピタッと溶け合わせましょう。溶け合ったときの心地よい感覚を大切に、良く聴きながら、ていねいに歌いましょう。固定ドのほか、ラララ…や母音唱法で歌ってみるのもよいでしょう。

4. **曲にタイトルを付ける**

   曲想に合ったタイトルを考えましょう。また、各部分の曲想を、言葉（または身体の動き）で表現してみましょう。それから、その気持ちで歌ってみましょう。1曲が、音楽的なドラマになるように、感じて歌いましょう。

5. **(B) 各種音部記号（クレ）による視唱**

   音部記号の学習進度に応じて、(B)の楽譜を固定ドで歌いましょう。一度高音部譜表（A）で歌ったことのある曲を、後日、(B)の譜表で歌うこともできます。

6. **弾き歌い**

   「和音」を、自分で弾きながら歌うと、弾き歌いの練習になります。自分でピアノを弾くことができれば、自力で、良い音程で歌うための練習ができます（旋律を弾いてしまうと、自力で音程を取る練習にはならないので注意しましょう）。

7. **移調**

   (A)の楽譜を移調して歌ったり、移調伴奏したりしましょう。移調伴奏は、伴奏ピアニストのために有益な練習です。

8. **伴奏のアレンジ**

   平易に書かれている和音伴奏を、さまざまな伴奏形にアレンジして伴奏付けすると、即興伴奏付けの練習になります。さらに、伴奏を楽譜に書き留め、より音楽的に推敲するなど、作編曲の基礎練習に用いることもできます（p.101 参照）。

◆リズムの読譜、音符の読み、よい音程で歌うコツなどの基礎的な練習方法については、佐怒賀悦子著『ソルフェージュの庭〜楽しくマスターするヒント〜』（音楽之友社刊）を参照ください。

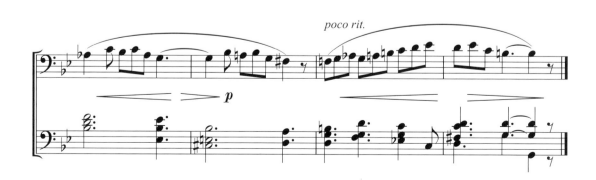

3A

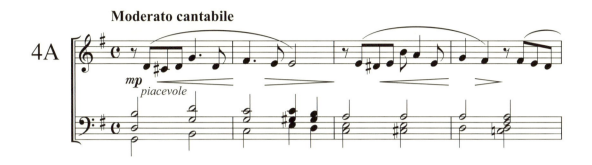

4B

Moderato cantabile

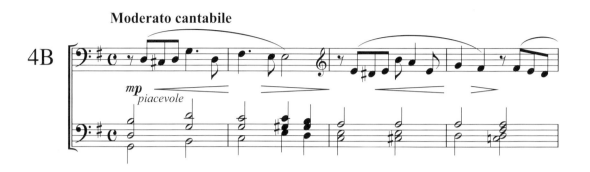

5A

5B

18

Moderato quasi allegretto

7B

8A

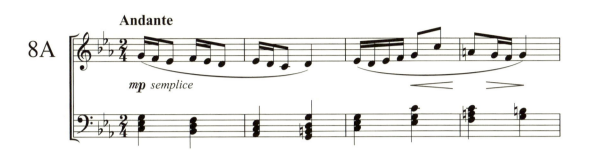

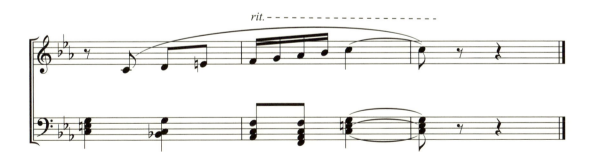

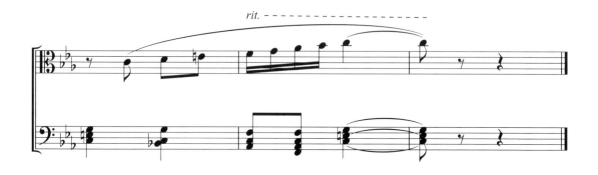

9A

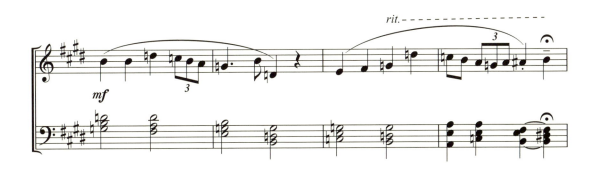

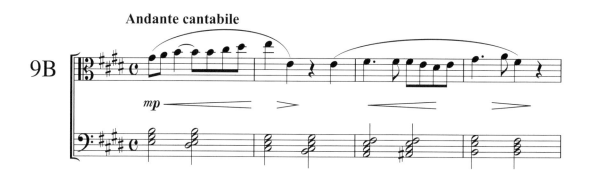

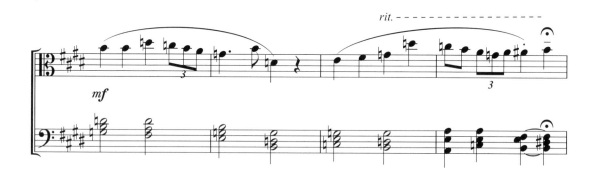
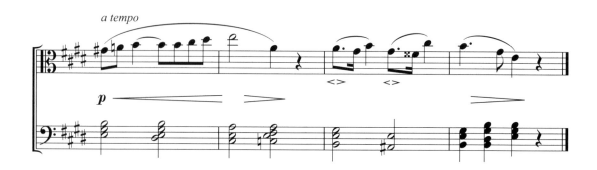

12B

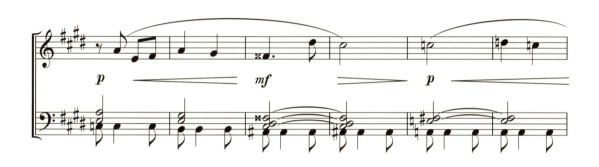

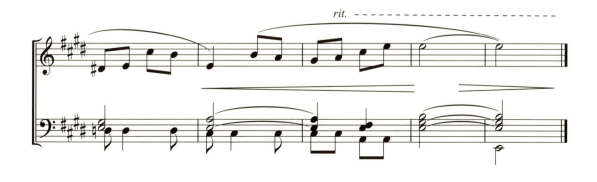

Moderato con tenerezza

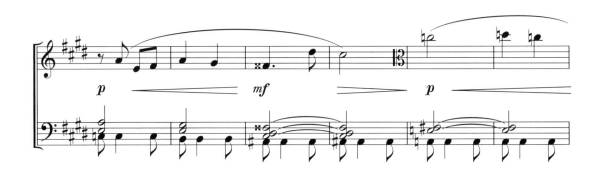

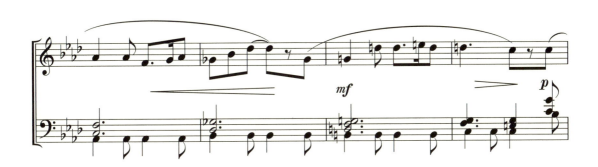
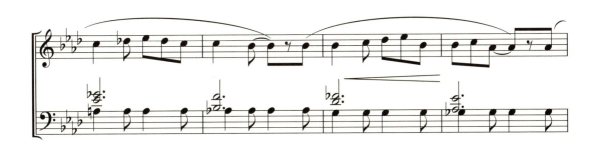

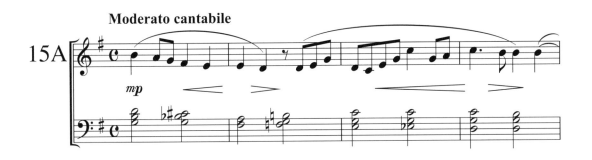

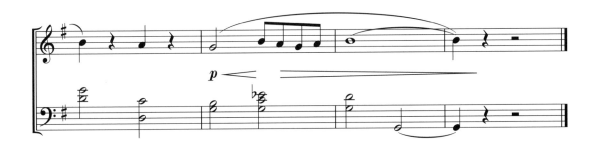

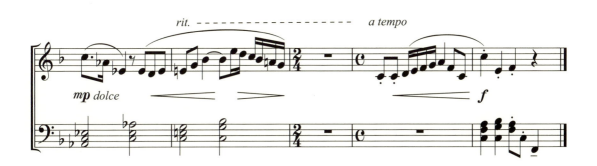

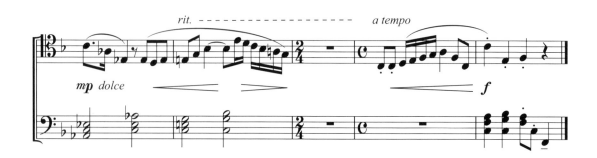

17A

42

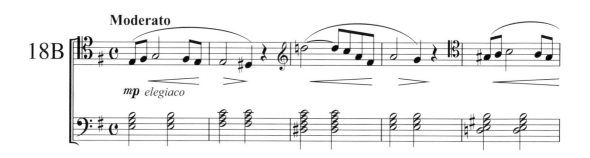

20B

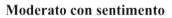

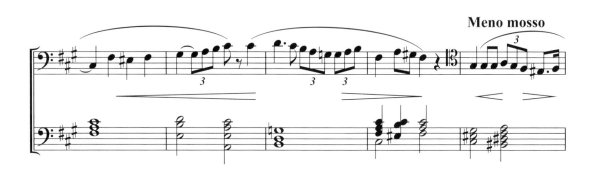

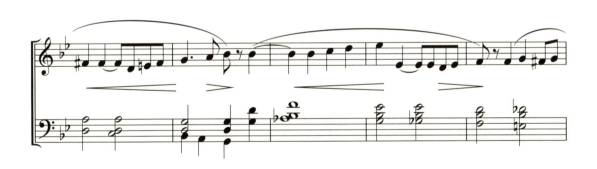
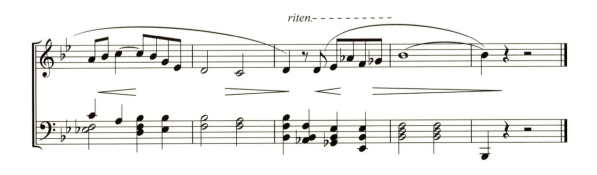

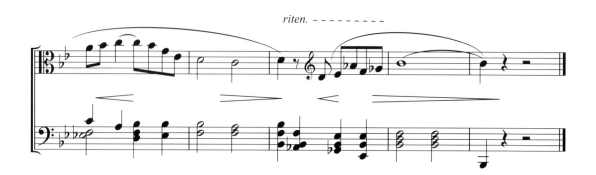

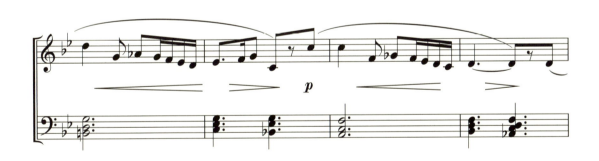

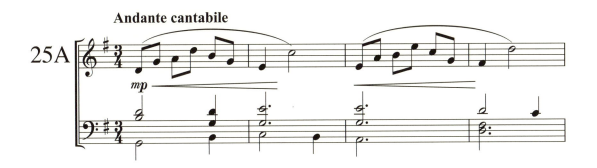

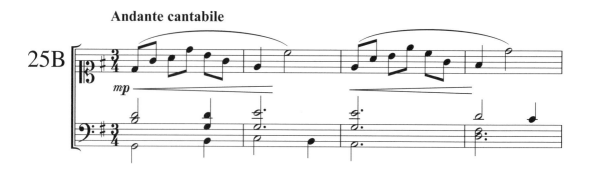

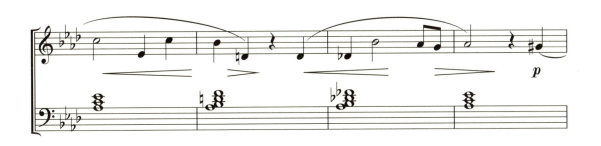

26B

27A

28A

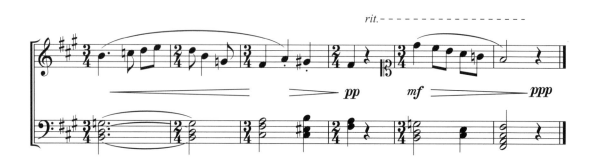

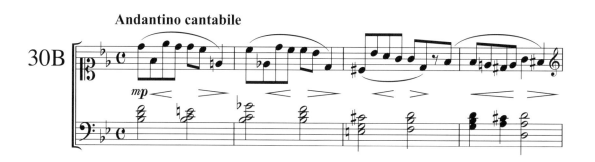

Andantino

31B

32A

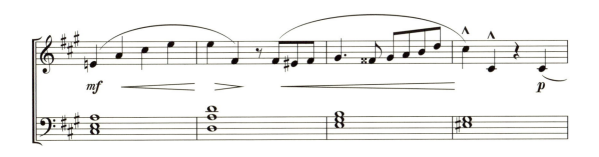

33B

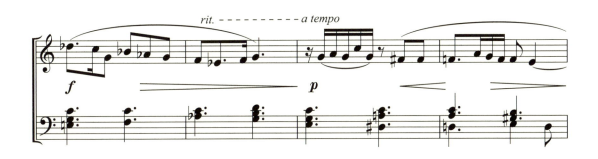

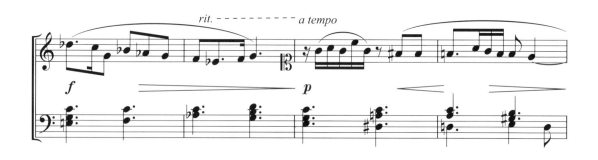

35A

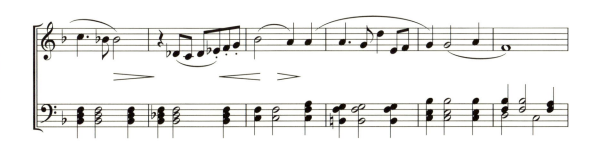

Moderato

37B

41B

89

42A

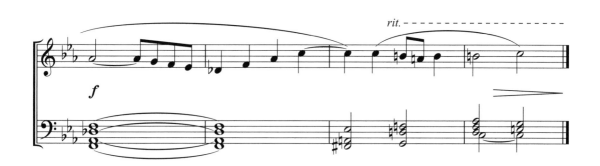

42B

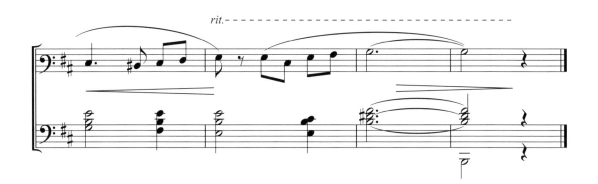

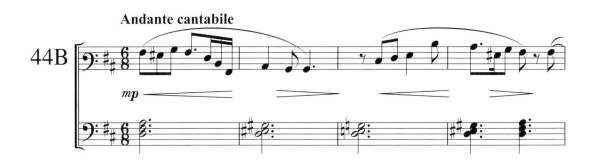

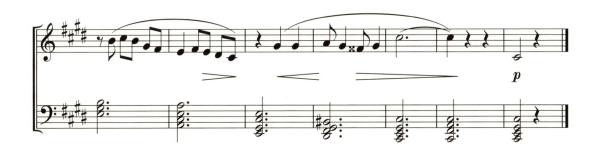

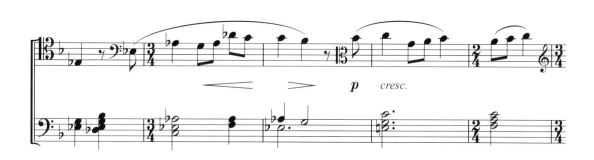

●伴奏のアレンジ例●

●ダルクローズスケールを応用した音階練習●

音階の上行形は、歌いながら手を上げていき、下行形は手を下ろしていきましょう。
そのとき、全音・半音の幅の違いを手で表現し意識しながら、美しい音程で歌いましょう。
導音で期待感をもち、主音で達成感を味わうことによって、調性を感じましょう。

上記の C-dur の音階にならって、下記の各音階の半音の箇所にへ印をつけましょう。
「シにフラット！」または「フラット1つ！」「F-dur！」などのかけ声にしたがって、音階を歌いましょう。

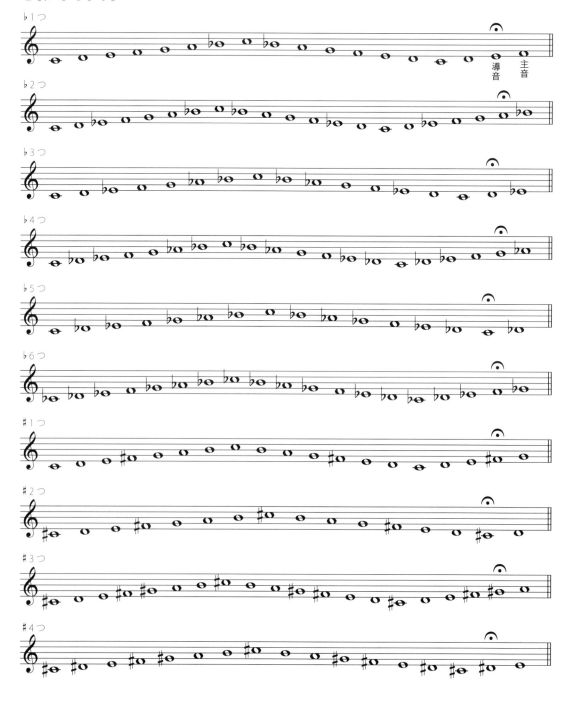

上記の発展練習として、1 点ハと 2 点ハ（または嬰ハ）の間を繰り返し往復し音階を歌う中で、
フラットやシャープの数を増減しながら、調の移り変わりを感じ取る練習も効果的です。

●半音を歌う練習

●旋法

全音・半音を意識して、さまざまな旋法を歌いましょう。
各旋法のニュアンスを味わいましょう。

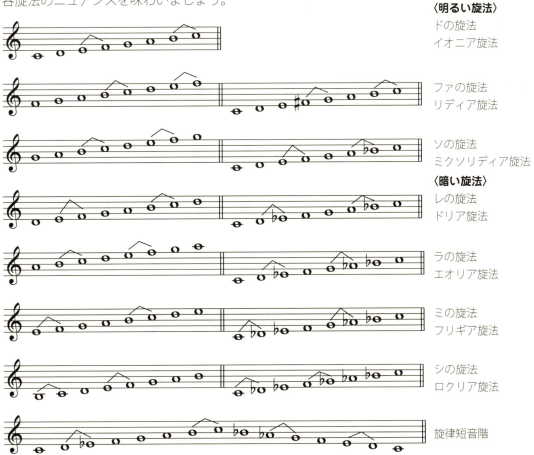

本テキストには、さまざまな旋法が絡み合っている曲が多く含まれています。

［著者略歴］

佐怒賀悦子（さぬか・えつこ）

東京藝術大学音楽学部作曲科卒業。

同大学院音楽研究科修士課程（ソルフェージュ専攻）修了。

元東京藝術大学音楽学部附属音楽高等学校非常勤講師。

元上野学園大学音楽学部教授。

同高等学校音楽科演奏家コースのソルフェージュ等も担当する。

音楽教育の導入から専門に至るさまざまな過程でのソルフェージュの研究と実践を行っている。ソルフェージュにリトミックを採り入れた指導にも定評がある。

著書に『ソルフェージュの庭〜楽しくマスターするヒント〜』、『ソルフェージュの庭　視唱　中〜上級編』、『ソルフェージュの庭　リズム　中級編』（以上　音楽之友社）、『演奏につなげる和声　入門ワーク』、『演奏につなげる　和声聴音　音源ダウンロード対応』（以上　ヤマハミュージックメディア）。

日本ソルフェージュ研究協議会理事、全日本ピアノ指導者協会正会員、日本ダルクローズ音楽教育学会、日本ピアノ教育連盟各会員。

ソルフェージュの庭　視唱　中〜上級編

2016年 4 月20日　第 1 刷発行
2020年 3 月31日　第 2 刷発行

著　者　佐怒賀 悦子
発行者　堀内 久美雄

東京都新宿区神楽坂6 - 30
発行所　株式会社音楽之友社
電話 03（3235）2111（代）〒162-8716
振替 00170-4-196250
http://www.ongakunotomo.co.jp/
楽譜浄書／組版／印刷／製本：株式会社ホッタガクフ
表紙イラスト：佐怒賀悦子
装丁：吉原順一

502560

Printed in Japan
落丁本・乱丁本はお取替いたします。
本書の全部または一部のコピー、スキャン、デジタル化等の無断複製は著作権法上での例外を除き禁じられています。また、購入者以外の代行業者等、第三者による本書のスキャンやデジタル化は、たとえ個人や家庭内での利用であっても著作権法上認められておりません。